Und dann muss
man auch
noch
Zeit
haben,
da zu sein
und
vor sich hinzuschauen.

Astrid Lindgren

The Toolbox is You

Even after all this time
The Sun never says to the Earth
«You owe me.»
Look what happens with a love like that –

It lights up the Whole Sky.

Hafiz

Inhaltsverzeichnis
Contents

12
Der Atem
Breath and Breathing

22
 Mein Körper, mein Freund
My Body, My Friend

32
Offenes Denken
Open Thinking

46
 Bewegte Achtsamkeit
Mindfulness In Motion

54
Wahrnehmen
Awareness

66

Achtsame Sprache
Mindful Language

78
Ruhe und Gelassenheit
Calm And Cool-Headedness

Gebrauchsanweisung

Was findet man in einem guten Kochbuch? Tolle Gerichte, Rezepte und Beschreibungen, wie diese gelingen können. In ganz besonderen Kochbüchern werden persönliche Geschichten erzählt, die verführen und einen **riechen** und **schmecken** lassen, bevor man zu kochen beginnt.

Mit genau diesem Anspruch schreiben wir das vorliegende Achtsamkeitsbuch. Ihr findet Themen, Übungen und Anleitungen, wie das Training funktioniert, sowie Geschichten, die Euch sagen, warum es wirklich **Sinn** macht, sich nicht nur täglich die Zähne zu putzen, sondern auch Achtsamkeit zu üben. **Try it!** Ihr dürft aber auch selber **kreativ** und **erfinderisch** werden, neue Übungen erfinden und in das Buch reinschreiben, es zu Eurem besonderen Buch machen. Nicht alle Texte sind übersetzt. Manche Geschichten gibt es nur in deutscher oder in englischer Sprache.

UND es gibt Extras.

Damit Ihr keine Ausrede habt, könnt Ihr mit Eurem Handy die Übungen abrufen und auf unserer Internetseite den Anleitungen folgen. In diesem Buch findet Ihr zu jeder Übung ebenso ein Poster als praktische Anleitung für zu Hause oder in der Klasse.

Viel Freude und gutes Gelingen!

Instruction Manual

What do you usually find in a good cookbook? Detailed recipes for preparing great meals and instructions to help you succeed in doing so. Some cookbooks also include personal stories which are so enticing that you can almost **smell** and **taste** some of the deliciousness before you've even started cooking.

With this idea in mind, we have written this book on mindfulness. It contains a variety of topics, exercises and instructions, but also stories that explain why it **makes sense** to practice mindfulness in the same way as we brush our teeth every day. **Try it!** This book also allows you to get **creative** and **inventive**, develop and add new exercises, thus making this your own very special book. Not all texts are translated – some stories are only included in English or in German.

AND of course there are some extras.

All exercises are available on our website – you can even look them up on your cell phone, so you really have no excuse not to follow the instructions. Additionally, we have designed a poster for each exercise and put them inside this book. These posters serve as practical user manuals which you can put up at home or in class.

Good luck and enjoy!

www.thetoolboxisyou.com

This book is about things you already have within you.
It invites you to notice what moves in and out of your body,
what goes through your mind and what nourishes both,
mind and body. It also invites you to use what you notice
as a tool. You have everything you need.

«You are the Toolbox».

Two important tools are **the now and the here**.
You know the concept of **«fast forward»** or playing a film or
piece of music **«backwards»** – the place in between these two is

NOW – «play».
That is the now, the present moment.

It is natural for the mind to wander to things
in the future or drift back into the past.

This is necessary for us to get things done, but very often
we get lost. Mindfulness is a practice that teaches us
how to become aware of when that's happening and how
to guide ourselves back to the present moment. It is the simplest
thing, but it takes practice, and nobody can do it for you.

Only you can do it.

Los geht's!
Let's get started!

Scan the code on page 88 to bring the characters to life!

Kapitel 1

Der Atem
Breath and Breathing

Natürlich **atmen** wir alle, jedoch nutzen wir nur selten den Vorteil des **bewussten Atmens**, der uns helfen kann, uns zu **konzentrieren**. Atmen scheint leicht zu sein, und dann auch wieder nicht. Wie atmest Du? Wo fühlst Du Deinen Atem? Wie fühlt es sich an? Wenn es draußen kalt ist, fühlt sich Dein Atem brennend an. Wenn Deine Nase verstopft ist, fühlt es sich an, als ob Dein Atem blockiert wäre. Hast Du Dir jemals Gedanken darüber gemacht, wozu die Härchen in Deiner Nase da sind? Hast Du noch andere Fragen über den Atem und wie er Dich am Leben hält? Bewusstes Atmen leuchtet wie eine Taschenlampe in Deinen Körper hinein und macht Dich so zu einem **Wissenschaftler und Forscher**.

Inwiefern hilft uns unser Atmen, uns zu konzentrieren? Stell Dir vor, Du bist total fasziniert von einer Ameise auf der Fensterbank und beobachtest sie mit vollem Interesse. Wenn Du sie lang und intensiv beobachtest, dann siehst Du viele kleine Einzelheiten, die Du nicht sehen würdest, wenn Du nur kurz hinschaust. Wenn Du Dich voll auf Dein Einatmen konzentrierst, nimmt der Körper mehr Sauerstoff auf, was **gut** für Dein **Herz** und Dein **Blut** ist.

We all breathe of course, but we seldom consciously use the ways in which breathing can help us focus. Breathing may seem simple, but it is not. How do you breathe? Where do you feel your breath? How does it feel? When it's cold outside, your breath may feel sharp. When you have a stuffy nose, it may feel as if your breath got stuck. Have you ever wondered what the little hairs in your nose are good for? What other questions do you have about your breath and breathing? Mindful breathing turns you into a scientist or researcher exploring your own body.

How does breathing help us focus? Imagine yourself looking very closely at an ant on a windowsill. If you look at it long and hard, you see many details that you would not see if you just glanced at it for a second or two. By paying attention to your breath, you actually inhale more oxygen, which is good for your heart and blood.

Versuch Folgendes:

Setz Dich bequem in Deinen Stuhl, lehn Dich zurück und atme ein paar Mal ... ein und aus ... ein und aus ... ein und aus ... Erinnere Dich, wie Du Dich gefühlt hast, als Du dachtest, Deine Eltern wären böse auf Dich und dann stellte sich heraus, dass das überhaupt nicht stimmte. Was ist in diesem Moment mit Deinem Atem passiert ...

Try this:

Sit back in your chair for a moment and take a couple of deep breaths ... in and out ... in and out ... in and out ... in and out ... Remember how you felt when you thought your parents were angry with you and then found out that they weren't. What happened to your breath then?

«Großes Gähnen»   Yawn ...

... in and out ...

Hat einer von Euch schon mal erlebt, dass jemand ohnmächtig wird? Für mich war das ein ganz schöner Schock! Da liegt plötzlich meine Freundin im Turnsaal und rührt sich nicht mehr. Die leeren Augen starren mich an und sie liegt bewegungslos auf dem Boden! Woran denkt man in so einem Fall? Ist sie tot? Lebt sie noch? Atmet sie noch? Was mache ich jetzt?

Da wird uns plötzlich klar: Der Atem ist unser Leben. Er macht uns aus. Unser Leben beginnt und endet mit einem Atemzug.

Atmen ist für uns ganz selbstverständlich. Wir denken nicht darüber nach, es geht ganz von alleine, außer vielleicht wenn wir uns mal zu sehr anstrengen: dann keuchen wir und schnappen nach Luft. Ist der eine oder andere von Euch schon mal auf einen Berg gestiegen? Da spürt man, wie das Atmen plötzlich schwer und anstrengend wird.

Was Euch aber sicher nicht so bewusst ist: Der Atem ist Eure Tankstelle. Mit dem Atem könnt Ihr all Eure Organe unterstützen. Sie funktionieren viel besser mit Eurer Hilfe.

Das Üben lohnt sich.

... ein und aus ...

Try this!

explore this ... direct bodily sensations

EINS
aufrecht stehen
    die Wirbelsäule strebt nach oben
die Schultern locker
    mit beiden Füßen fest am Boden stehen
einatmen durch die Nase
    beim Einatmen füllen wir den Bauch
        wie einen Ballon mit frischer Luft
ausatmen

ZWEI
Vorwärtsbeuge
mit beiden Füßen auf dem Boden stehen
    Oberkörper über einen Tisch beugen
beide Hände berühren den Tisch
    Oberkörper aufrichten und dabei
        tief einatmen
Beim Vorwärtsbeugen zum Tisch
    ausatmen

DREI
    mit beiden Füßen auf dem
        Boden stehen
    spüre Deinen Körper
alle Zellen beginnen zu verschmelzen
    beim Vorbeugen ausatmen
    Handflächen berühren dabei den Boden
beim Aufrichten einatmen

Warum Übung DREI gut für Dich ist
    hilft Dir aufmerksam zu sein,
        Dich zu konzentrieren?
sie streckt Deine ganze Wirbelsäule
    dehnt Deinen Oberschenkelmuskel
        gibt Energie

ONE
stand upright
    your spine reaches upwards
shoulders relaxed
    both feet planted on the ground
breathe in through your nose
    while inhaling your stomach fills
        with fresh air
exhale

TWO
Forward Fold
    plant both feet on the ground
bend your upper body over the table
    both hands touch the table
    raise your upper body and while doing so
        breathe in deeply
lean forward towards the table
    breathe out

THREE
stand on the ground with both feet
feel, sense your body
    every cell starts to soften and melt
while bending forward breathe out
    the palms of your hand slightly
        touch the floor
return to upright position
    while breathing in

benefits of exercise THREE
helps you to focus your attention inward
    lengthens your whole spine
stretches your hamstrings
    gives you energy

Try this!

1 Minute Atmen Setz Dich bequem hin und, wenn es Dir nichts ausmacht, schließ Deine Augen. Wenn Du lieber mit geöffneten Augen mitmachen willst, dann konzentriere Dich jetzt auf irgendeinen Punkt (Gefäß, Bleistift, Bonbon etc.) auf dem Tisch oder dem Fußboden vor Dir. Entspanne Deine Schultern, behalte jedoch eine gerade Sitzposition bei. Die Füße ruhen entspannt auf dem Boden. Ich werde jetzt mit einer Stoppuhr eine Minute stoppen, damit Ihr seht, wie oft Ihr in einer Minute atmet. **Ein voller Atemzug besteht aus Ein- und Ausatmen.** Wir beobachten nur, sind uns unseres Atmens sehr bewusst und wollen es nicht verändern. Dies soll kein Wettbewerb sein und Du kannst Deine Ergebnisse selbstverständlich für Dich behalten. Zähl einfach nur und sei Dir Deines Atmens bewusst. Wenn Du meinst, dass es Dir hilft, lege Deine Hände entweder auf Deinen Bauch oder auf Deinen Oberkörper; es wird Dir helfen. Versuch dabei, nicht an die Zeit zu denken. **Auf los geht es los, wir fangen an ...** einatmen, ausatmen so, wie es Dir angenehm ist. Beobachte, wie es sich in Deiner Nase, Deinem Hals, Deinem Oberkörper oder Deinem Bauch anfühlt. Nach einer Minute **STOPP** und versuch, Dich an die Zahl Deiner Atemzüge zu erinnern. Das nächste Mal, wenn wir diese Übung machen, mach gedankliche Notizen über eventuelle Abweichungen in der Anzahl Deiner Atemzüge im Vergleich zum ersten Mal. Mach Dir Gedanken darüber, warum sich diese Änderung wohl ergeben hat. **Bist Du ruhig / relaxed und ganz zugegen in diesem Moment?**

1 minute of breathing Sit in a comfortable position and close your eyes, if you are comfortable doing that. If not, look down at an object on the floor or on the table in front of you. Let your shoulders relax, but sit up straight. Your feet are resting comfortably on the floor. I will start a timer for you to count your breaths for one minute. **One breath consists of inhaling and exhaling fully.** We are just observing, becoming aware of our breathing, we are not trying to change it in any way. This is not a competition, you don't have to share your result with anyone when we are done. Just count and observe your breaths. If it helps you to place your hands on your belly and / or your chest, please do so. I will tell you when to stop; try to forget about the time. **Ready, start ...** inhale and exhale at your own pace. Maybe you can observe how your breathing feels in your nose, your throat, your chest, or your belly. If your mind wanders, bring it back to counting. If you lose track, just do your best to figure out the number of your breaths. ... one minute later **STOP** and remember the number of breaths you took during this minute. Next time we do this, take note of any changes in the number of your breaths. Think about why these changes might have occurred. **Are you tense, worried, or excited? Are you calm and in the moment?** Try this anytime you are waiting in line at a store, stuck in traffic, or just really bored listening to your teacher or boss. You don't even need a timer. After your practice, you will remember your 1-minute breathing pace and you can do this exercise anytime you want to give yourself the gift of noticing your amazing breath.

**Es gibt noch etwas
zu entdecken!**

Spürst Du Deine Nasenflügel
beim Ein- und Ausatmen?

Spürst Du in verschiedenen
Situationen die Veränderung
Deines Atems?

> kurz,
> lang,
> tief,
> flach,
> schwer,
> angehalten

Spürst Du den Atem
in Deinem Bauch?

Leg ab und zu die
Hand auf Deinen Bauch

Try it!

Do you sense your nostrils
while you are breathing
in and out?

Do you feel the changes
in your breath?

> short,
> long,
> deep,
> shallow,
> heavy,
> stopping

Do you sense the breath
in your belly?

Put your hand on your
stomach once in a while.

Im Atemholen sind zweierlei Gnaden

in

Im Atemholen sind zweierlei Gnaden:
Die Luft einziehen, sich ihrer entladen:
Jenes bedrängt, dieses erfrischt,
So wunderbar ist das Leben gemischt.
Du danke Gott, wenn er dich presst,
Und dank ihm, wenn er dich wieder entlässt.

and

In breathing there are two kinds of grace:
To draw air into, then out of, your space.
The one presses down, the other refreshes;
Thus marvelously life's web intermeshes.
You thank God whenever he hems you in,
And thank him whenever he frees you again.

out

Johann Wolfgang von Goethe

Geschichte zum Atem
aus den Upanishaden

Die Sinne sitzen zusammen und streiten, wer am Wichtigsten ist. Die Augen, die Ohren, die Nase etc. und der Atem. Weil sie sich nicht einigen können, beschließen sie, dass jeder Sinn für eine Zeit lang auf Reisen gehen muss, und in seiner Abwesenheit wollen die anderen beobachten, wie es sich so lebt. Einer nach dem anderen geht also für einige Zeit fort, und die anderen arrangieren sich eigentlich sehr gut in der Zwischenzeit. Als letztes geht der Atem fort, aber noch bevor er weit kommt, geht es den anderen sehr schlecht, sie gehen fast zugrunde und rufen dem Atem nach «Komm zurück, bitte komm zurück, ohne dich geht gar nichts!».

A Story about Breath
from the Upanishads

The senses are getting together and start having an argument; which of them is the most important one. Eyes, ears, nose and so on – and breath. As they cannot reach a solution they decide that every single sense will go on a journey for a certain period of time. And during the absence of one sense the others will observe what life is like without this respective sense. So each sense goes on a journey for a while; in the meantime, the others adjust very well to the situation. Breath is the last to leave, but before he gets very far, the others start feeling very bad, they nearly pass away, and they call out to breath: «Please come back, please come back, without you nothing, really nothing, is going well!».

Scan the code on page 88 to bring the characters to life!

Kapitel 2

Mein Körper, mein Freund
My Body, My Friend

Freunde hat man gern. Man verbringt viel Zeit mit ihnen, überrascht sie mit einem Geschenk oder sagt ihnen, dass sie cool aussehen. Seinen besten Freund kennt man sogar so gut, dass man genau weiß, wie es ihm geht. Schon wenn er bei der Tür hereinkommt, weiß man, was los ist. Auf Freunde kann man sich einfach verlassen. Sie sind immer für einen da.

Mein Körper ist so etwas wie ein **«Wunderwuzzi»**. Er ist nicht nur mein bester Freund, sondern er funktioniert sogar von alleine! Unglaublich, oder? Nur wenn ich übertreibe, sagt er manchmal «STOPP! Das mag ich nicht» und dann streikt er. Erst dann wird mir klar, dass ich mich um ihn kümmern muss. Ich nehme mir daher Zeit und höre, was ihm **gut tut** und was er braucht.

Freundschaften wollen gepflegt werden. Je achtsamer wir mit unserem «Wunderwuzzi» umgehen, umso besser funktioniert er.

Everybody likes to spend time with their friends, tell them that they are looking really cool, and sometimes even surprise them with little gifts. You know your best friends that well that you can tell how they are and feel just by looking at them. Even if they have only just opened the door, you already know what's up with them. Your friends are always there for you and you can totally **rely** on them.

My body is something like a «Wunderwuzzi» / **miracle**. Not only is my body my best friend, but it even functions all by itself! Isn't that just **incredible**? Only when I overdo it will my body sometimes tell me «STOP! I do NOT like that!». If I don't listen to it then, it will go on strike. Then I understand that I have to **take care** of it, that I will have to take time to listen to it and to find out what it really **needs**.

Friendships need to be cultivated. The more careful we treat our «miracle», the better it will be functioning.

«Practice makes perfect».
Now take your time for a **Body-Scan**!

Find your favorite spot in your house or room and breathe in and out from your head to your toes. **Observe** how you feel doing just that. Are your toes tingling, are they warm or cold, how is your breath flowing through your body? You can do this exercise alone, together with your best friend, and even in your classroom.

Try this!

- Which parts of your body do you notice or sense and which not?
- This is alright as it is.
- Do you notice that your body changes, becoming maybe calm, maybe irritated?
- In which situations / moments?

«Übung macht den Meister».
Nimm Dir Zeit für die Übung **«Body Scan»**!

Such Dir einen Lieblingsort und atme von Kopf bis Fuß ein und aus. Pass auf, wie es Dir dabei geht, ob Deine Zehen kribbeln, warm oder kalt sind, wie Dein Atem durch Deinen Körper huscht. Du kannst diese Übung alleine, mit Deiner besten Freundin oder in der Klasse machen.

Body Scan

Bei dieser Übung geht es nicht darum, etwas zu verändern oder zu erreichen. Bei dieser Übung sollst Du beobachten, was im Augenblick ist und es zulassen / annehmen.

1

Leg Dich auf den Rücken oder setz Dich auf einen Stuhl.

2

Schließ die Augen, wenn es Dir angenehm ist.

3

Beobachte Deinen Atem, wie sich der Bauch hebt und senkt, ganz von selbst, ohne dass Du etwas tun musst.

EIN … und **AUS** … und **PAUSE**

4

Versuche, Deinen ganzen Körper wahrzunehmen. Von **KOPF** bis zu den **ZEHENSPITZEN** – ein von Haut umhülltes **GANZES**

5

Lenk Deine Aufmerksamkeit auf die Zehen Deines linken Fußes. Beobachte, was Du in den Zehen spüren kannst: Temperatur, Berührung, Kribbeln, die Stellung der Gelenke, … oder vielleicht auch gar nichts. Auch das ist in Ordnung. Vielleicht hilft Dir dabei die Vorstellung, den Atem dorthin zu lenken – in die Zehen zu atmen: wie der Atem durch die Nase einströmt, in die Lungen, weiter in den Bauchraum, ins linke Bein bis in die Zehen und wieder zurück.

6

Geh kurz mit Deiner Aufmerksamkeit wieder zurück zu Deiner Atmung. Dann wende Deine Aufmerksamkeit Fußsohlen, Ferse und Knöchel zu. Versuche, während des Hinein- und Hinausatmens in diese Körperteile alle Empfindungen wahrzunehmen. Registriere sie und lasse sie wieder los.

EIN ... und ... **AUS**

7

Sobald andere **GEDANKEN** aufkommen, hol Deine **AUFMERKSAMKEIT** durch **ATMEN** zur jeweiligen Körperregion zurück.

8

Taste Dich auf diese Weise durch das linke Bein aufwärts, dann von den Zehen des rechten Fußes über das rechte Bein, den Rumpf, von den Fingern der linken Hand zur linken Schulter, von den Fingern der rechten Hand zur rechten Schulter, vom Hals über den Kopf bis zum Scheitel.

9

Die Aufmerksamkeit bleibt immer beim **ATEM** und den verschiedenen **EMPFINDUNGEN** in den Körperregionen. Lass Empfindungen und Gedanken immer wieder **GANZ BEWUSST** los.

Es gibt noch etwas zu entdecken!

- Wo nimmst Du Deinen Körper wahr und wo nicht?
- Das darf genau so sein!
- Bemerkst Du, dass sich Dein Körper verändert, vielleicht ruhig oder aufgeregt wird?
- In welchen Situationen oder Momenten geschieht das?

Lebe

Lass Dich fallen.
Lerne Schlangen
zu beobachten. Pflanze **unmögliche** Gärten.

Lade jemand
Gefährlichen
zum Tee ein. Mache kleine Zeichen, die **Ja** sagen.
Und verteile sie überall in Deinem Haus.
Werde ein Freund von
Freiheit und **Unsicherheit**.
Freue Dich auf **Träume**.

Weine bei Kinofilmen,
schaukle **so hoch Du kannst** mit einer Schaukel bei Mondschein.
Pflege verschiedene Stimmungen,

verweigere Dich,
verantwortlich zu sein – **tu es aus Liebe!**

Mache eine Menge Nickerchen.
Gib Geld weiter. *Mach es jetzt.*

Glaube an Zauberei,
lache eine Menge.
Bade im Mondschein. Träume wilde, phantasievolle Träume.
Zeichne auf die Wände.
Lies jeden Tag.
Stell Dir vor, Du wärst verzaubert.
Kichere mit Kindern.

Höre
alten Leuten zu. **Öffne Dich.**
Tauche ein. Sei frei. Preise Dich selbst.
Lass die Angst fallen, *spiele mit allem.*

Unterhalte
das Kind in Dir. **Du bist unschuldig.**
Baue eine Burg aus Decken.
Werde nass. Umarme Bäume.
Schreibe **Liebesbriefe**.

Live

                        Let yourself **fall**.
                        Learn to watch *snakes*.
Plant **impossible gardens**. Invite *someone dangerous* to tea.
                        Make small signs that say **yes**
                        and distribute them
                        everywhere in your house.
Become a friend of **freedom** and uncertainty. Look forward to **dreams**.
                        Cry at movies, swing as high as you can
                        on a swing in the **moonlight**.
                        Nurture different moods.
                        Refuse to be responsible –
                        do it for love!
Pass money on. *Do it now.*
                        Believe in magic. **Laugh a lot.**
                        Bathe in the moonlight.
Dream **wild** dreams, full of **fantasy**. Draw on the walls.
                        Read every day.
                        Imagine you've been bewitched.
                        Giggle with children. Listen to the elderly.
                        Open yourself.

                        Dive in. **Be free.** Prize yourself.
                        Let fear fall away, *play with everyone*.
                        Converse with the child in you.
                        You are innocent.
Build a fort with blankets. *Get wet.* Hug trees.
                        Write **love letters.**

Joseph Beuys

Welche Qualitäten hat ein Freund für Dich?

QUALITÄTEN

Ein Freund ist für mich ...

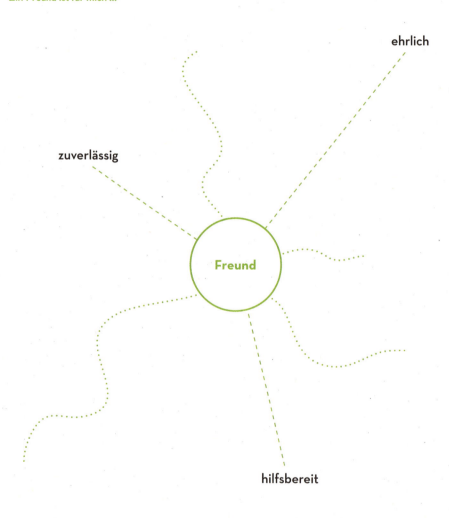

Schreib einfach dazu, was Dir noch so einfällt!

What makes a good friend?

QUALITIES

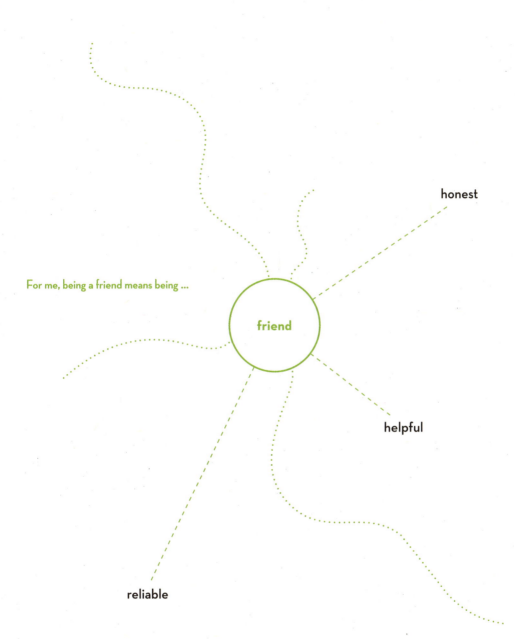

For me, being a friend means being ...

friend

honest

helpful

reliable

Feel free to add your own words and thoughts!

Scan the code on page 89 to bring the characters to life!

Kapitel 3

Offenes Denken
Open Thinking

Vornamen verbinde ich meistens mit **besonderen Eigenschaften**: Anna ist mir sympathisch, Wolfgang begegne ich mit **Respekt** und Marlene kann ich einfach nicht riechen. Geht es Dir auch so? Ist Stephan sportlich, weil er groß und schlank ist? Ist Marianne eine Streberin, weil sie klein ist und eine Brille trägt? Haben wir damit recht? Stecken wir Menschen nicht in Schubladen und reduzieren sie auf ihr Äußeres?

Wäre es nicht besser, nicht immer gleich zu bewerten?

Wir sollten offen auf Menschen und Dinge zugehen, **zuhören** und **annehmen**, was und wie wir sind. Wir **dürfen** Angst haben, traurig und unsicher sein und Schuldgefühle haben. Wir dürfen uns aber auch freuen, lustig sein, Spaß haben und mutig sein.

Versuche bei der folgenden Übung nachzudenken, was Du mit den Worten Angst, Wut, Traurigkeit, Liebe oder Freude alles ausdrücken möchtest. Ist es wirklich Angst oder vielleicht doch eher Sorge, Schrecken oder Unwohlsein? Versuche Deine Empfindungen und Gedanken achtsam auszudrücken und schreib sie auf. Es macht einen großen Unterschied, ob Du sagst, Du bist traurig, weil Du von einer Freundin enttäuscht worden bist, oder traurig, weil Dir Deine Eltern Deinen Lieblingswunsch nicht erfüllt haben, oder traurig, weil Du Dich einsam fühlst.

Most of the things we worry about never actually happen, but that doesn't stop us from worrying. On the first day of school we might be a little nervous, for example, wondering what the other students will think of us. It's amazing to which extent we can free ourselves from the habit of worrying about things all the time. By giving our thoughts a little more space we can stop the hamster from going around in the wheel. By taking a couple of breaths we can put **a little distance** between us and our worries, so that **they don't rule our lives**.

Try this!

Before an exam you might catch yourself thinking: «I'm not good enough.» Label that thought simply as a worry.

▼
MINDFUL THINKING . . . . The thought happens . . . . Notice the thought

Probier es aus!

**GEDANKEN SIND GEDANKEN
NICHT MEHR UND NICHT WENIGER**

Schicke Gutes in die Welt und Gutes kommt zurück – so wie Du in den Wald hineinrufst, kommt es zurück

Bei der Achtsamkeitsübung geht es darum, dass Du lernst, Deine Gedanken als Gedanken und nicht schlicht und einfach als «die Wahrheit» zu sehen. Mit Gefühlszuständen verhält es sich natürlich genauso.

Wenn wir uns unsere Gedanken und Gefühle auf diese Weise anschauen, merken wir, dass wir vieles gedankenlos übernehmen.

Ob es sich um Angst, Ärger, Ungeduld oder Wut handelt, wenn wir es im Geiste der Achtsamkeit registrieren und es als das erkennen, was es ist, erschließen wir uns dadurch neue Verhaltensalternativen – neue Freiheit.

Try this!

**THOUGHTS ARE THOUGHTS
NO MORE AND NO LESS**

Send goodness into the world and goodness comes back
What goes around, comes around

Mindfulness practice is about learning / the awareness that your thoughts are thoughts and not black and white «truths». The same is true for our emotions.

Whether it is fear, anger, impatience or rage, when we register emotions in the spirit of mindfulness and recognize them for what they are, we open up new ways of being / a new relationship to our emotions – a new freedom.

. . . and your reaction to it . . . . What would a good friend say about your worry?

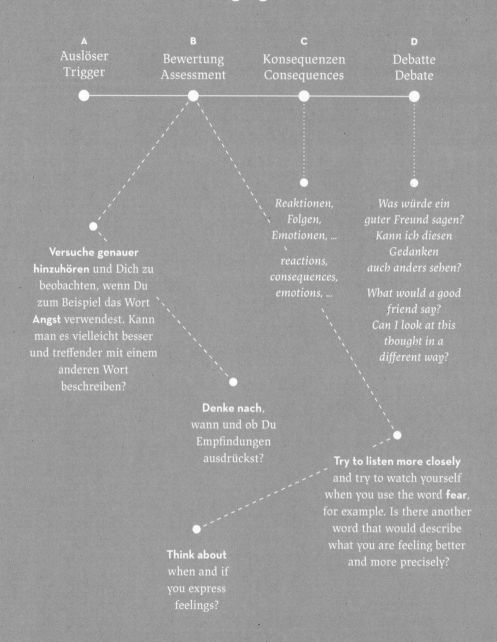

This space is for you – maybe you can think of a situation where mindfulness would have helped?

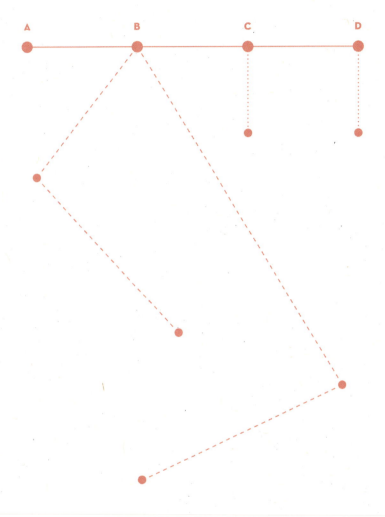

Kannst Du Dich an eine Situation erinnern, in der Du vielleicht achtsamer sein hättest können?

Draw your own connections!

Was meinen wir mit ...

Angst
- Schrecken
- Besorgnis
- Panik
- Nervosität
- Befürchtung
- Angespanntheit
- Unwohlsein

Scham
- Verlegenheit
- Schuldgefühl
- Bedauern
- Gekränktheit
- Demütigung

Wut
- Neid
- Grant
- Aufgeregtheit
- Ekel
- Gereiztheit
- Frustration
- Zorn

Gekränktheit — Gereiztheit

Schreib einfach dazu! Dir fällt sicher noch Einiges ein.

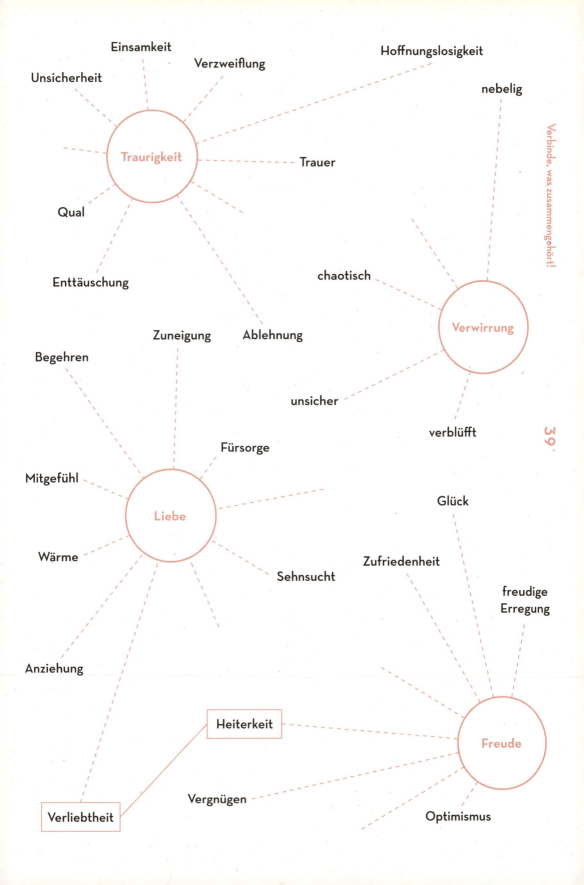

What do we mean by ...

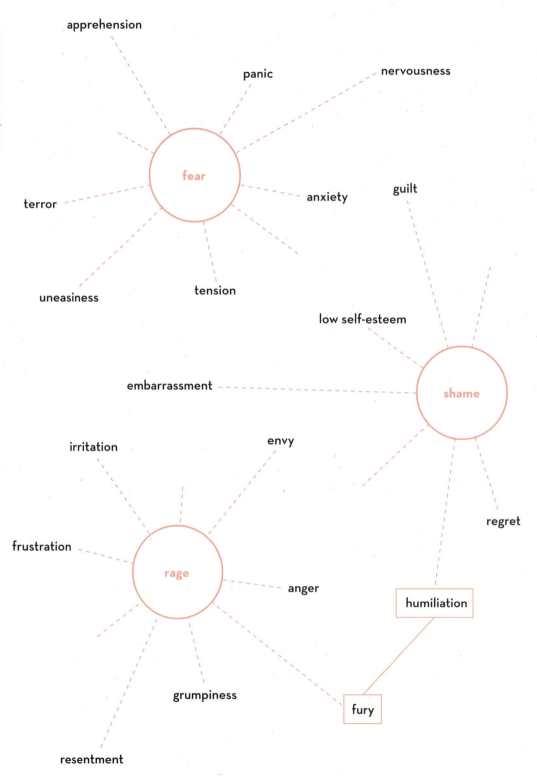

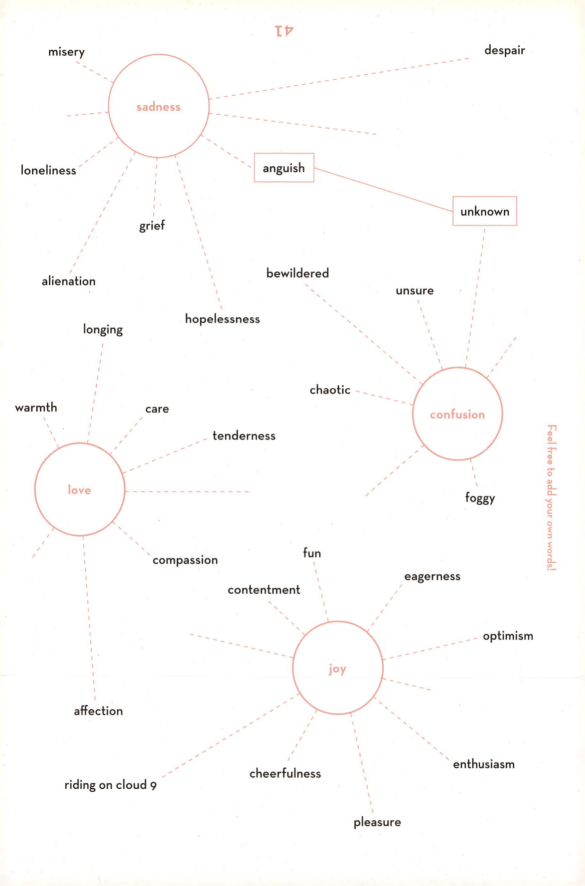

Ein menschliches Wesen ist Teil einer Ganzheit, die wir «Universum» nennen; es ist ein Teil, der in Zeit und Raum begrenzt ist. Es erlebt sich selbst, seine Gedanken und Gefühle als etwas Getrenntes vom Rest, eine Art optische Täuschung des Bewusstseins.
Diese Täuschung ist wie ein Gefängnis für uns. Sie beschränkt uns auf unsere persönlichen Wünsche und Zuneigung für einige uns nahestehende Personen. Es muss unser Ziel sein, uns aus dem Gefängnis zu befreien, indem wir unseren Kreis des Mitgefühls ausweiten, um alle lebenden Kreaturen und die Gesamtheit der Natur in ihrer Schönheit zu umarmen.

A human being is a part of the
whole called by us «the Universe»,
a part limited in time and space.
He experiences himself, his thoughts
and feelings, as something separated
from the rest – a kind of optical delusion
of his consciousness. This delusion
is a kind of prison for us, restricting us
to our personal desires and to affection
for a few persons nearest to us.
Our task must be to free ourselves
from this prison by widening the circle
of understanding and compassion
to embrace all living creatures and
the whole of nature in its beauty.

Albert Einstein

Wild Geese

You do not have to be good.

You do not have to
walk on your knees
for a hundred miles
through the desert
repenting.

You only have to
let the soft animal
of your body
**love what
it loves**.

Tell me about despair, yours,
and I will tell you mine.

Meanwhile **the world goes on**.

Meanwhile the sun
and the clear pebbles of the rain
are **moving across the landscapes**,
over the prairies and the deep trees,
the mountains and the rivers.

Meanwhile
the wild geese,
high in the
clean blue air,
are heading home again.

Whoever you are,
no matter how lonely,
the world offers itself
to your imagination,
calls to you like the wild geese,
harsh and exciting –
over and over

announcing your place
in the family of things.

Du musst nicht gut sein.

Du musst nicht auf
deinen Knien
hunderte Meilen
durch die Wüste
rutschen, bereuend.

                    Du musst nur
                    das sanfte Tier
                    deines Körpers,
                    lieben lassen,
                    was es liebt.

Erzähl mir von Verzweiflung, von deiner
und ich vertraue dir meine an.

Inzwischen dreht sich die Erde **weiter**.

                    Inzwischen ziehen
                    Sonne und **klarer Regen**
                    über die Landschaften,
                    über die Prärien
                    und die **tiefen Wälder**,
                    die Berge und die Flüsse.

Inzwischen
wenden sich die Wildgänse,
hoch in der **klaren blauen Luft**,
wieder der Heimat zu.

                    Wer du auch bist,
                    ganz gleich wie einsam:
                    Die Welt bietet sich deiner
                    Vorstellungskraft an,
                    ruft dich, rau und aufgeregt,

wie die Wildgänse –
wieder und wieder
und **verkündet damit deinen Platz**
in der Familie des Lebens.

Mary Oliver

Scan the code on page 89 to bring the characters to life!

Kapitel 4

Bewegte Achtsamkeit Mindfulness In Motion

Habt Ihr Euch schon mal eine Uhr von innen angeschaut? Ein ziemliches Wunderwerk! Winzig klein fügt sich Zahnrad in Zahnrad und funktioniert meist ganz verlässlich. Ein noch größeres Wunderwerk ist aber unser Körper! Vom ersten Atemzug an funktionieren all unsere Organe ganz automatisch; Befehle werden vom Hirn in den ganzen Körper versandt. Er weiß ganz genau, was zu tun ist, wenn wir krank sind, wenn wir Sport machen oder wenn wir uns ausrasten wollen.

Habt Ihr schon mal versucht, diese vielen Befehle selber an Euren Körper zu geben?

Wenn wir ein neues Handy bekommen, nehmen wir gleich die passende Schutzhülle dazu. Wie ist das mit unserem Körper? Wer sagt uns eigentlich, wie wir am Besten funktionieren und wie wir mit unserem Körper **sorgsam** umgehen sollen?

Wagen wir einen Versuch. Mit den folgenden Übungen lernst Du gezielt in Deinen Körper hinein zu atmen, ihn zu spüren und mit **Energie** aufzuladen. Der zusätzliche Sauerstoff aktiviert viele Kräfte. Die Konzentration auf die einzelnen Organe unterstützt deren Aktivität und hilft Dir, Dich besser wahrzunehmen.

Have you ever explored the inside of a clock? It is a **miracle in motion**. Tiny cog-wheels are working in unison, and, most of the time, very reliably so. An even greater miracle, however, is our body. The minute we take our first breath, all our organs start collaborating completely automatically. Strict orders are sent from the brain through our body. Our body knows instinctively what to do, how to act and react when we are sick, exercising, or resting.

Have you ever tried to give such orders to your body?

When purchasing a new cell phone, we automatically buy a fitting protective cover for it, too. So what about our body? Who actually tells us how we function best and how to treat our body with **care** and **tenderness**?

Let's give it a try. With the following exercises you will learn to breathe into specific regions of your body, to really feel your body and to **energize** it. Additional oxygen activates various sources of **energy / power**. Focusing on the individual organs supports their activities / functionalities and will help you to gain a better understanding and deeper awareness of yourself.

Bewegte Achtsamkeit

Nimm Dir Zeit für diese Übung. Du kannst sie auch gerne mit Freunden oder mit Schulkollegen machen. Je regelmäßiger Du diese Übung machst, umso besser lernst Du Dich kennen und kannst ganz gezielt Energie in Deinen Körper schicken. Natürlich funktionieren Deine Organe wie von selbst. Besser und länger funktionieren sie aber, wenn Du achtsam mit ihnen umgehst und sie unterstützt.

▶

Mindful Movement

Take your time for this exercise. You can practice with friends or schoolmates. The more regularly you do these exercises, the better you will get to know yourself and the better you will be able to specifically energize your body. Of course, all your organs work automatically; however, they will function longer and better, if you treat them with loving care and support them.

Mindful Movement

Mister Breath guides us! We call him «SIR»!!

Bewegte Achtsamkeit

Herr Atem leitet an! Wir nennen ihn «SIR»!!

Breathe **IN** and **OUT**! Root your feet and soles in the ground and through the earth!

EINatmen und **AUS**atmen! Verwurzelt die Füße in den Boden!

Reach up while breathing **IN**! Explore the **LYMPHS** under your arms! Breathe **OUT**!

Beim **EIN**atmen hebt die Arme! Spürt Eure **LYMPHEN** in den Achseln! **AUS**atmen!

Breathe **IN** to the left where your **HEART** is! Bend to the left. Stretch your **LUNGS**!

Nach links, wo das **HERZ** ist, **EIN**atmen! Nach links beugen. **LUNGE** streck Dich! **AUS**atmen!

Just try it!

Probier es aus!

Stretch to the right! Arms up and weight down into the heels! Feel your **LUNG**!

Atme in die rechte Seite und spür Deine **LUNGE**!

OUT! Into the candle! **IN!** Turn to the left. Stretch your **LIVER! OUT!** Back to the center!

AUSatmen in die Kerze! Dreh Dich nach links beim EINatmen und Deine **LEBER** dehnt sich! AUSatmen!

The same to the right side! **IN! LIVER**, enjoy! **OUT** into table!

Das gleiche nach rechts! EINatmen! **LEBER**, freu dich! AUSatmen in den Tisch!

Take a **DEEP** breath! Right arm to left toes! Clap your left **KIDNEY** with your left hand! **OUT** into the table!

Rechter Arm zum linken Fuß beim EINatmen! Der linken **NIERE** ein paar gute Klopfer mit der linken Hand geben! AUsatmen in den Tisch!

Now the other side! Touch your right **KIDNEY! OUT** into table!

Und die andere Seite! Klopf die **NIERE** kräftig! Zurück in den Tisch!

Squat down! **BREATHE IN! BREATHE OUT!**

In die Hocke! EINatmen! Hände zusammen bringen, AUsatmen und aufstehen!

Arms **UP** in the air! Shoulder blades touch each other while breathing **OUT**!

Nach **OBEN** strecken! AUsatmend Schulterblätter aufeinander zukommen lassen!

A COUPLE OF NATURAL BREATHS! ... Assess! ... Observe! ...

Atme ein paar **NATÜRLICHE ATEMZÜGE**! **NACHSPÜREN**!

Yes SIR! Well done!

Wenn Du etwas notieren möchtest, hier ist Platz für Dich!

This space is for you! Maybe you want to take some notes?

▶

Es gibt noch etwas zu entdecken …

Verlangsamtes Gehen – Zeitlupe

- Wie ist Deine **innere** und Deine äußere **Haltung**?
- Spüre das **Gewicht** Deines Körpers durch die Füße auf den Boden wirken.
- **Akzeptiere**, dass Du nicht alles kannst.
- Versuche, Dinge neu zu entdecken, als würdest Du sie **zum ersten Mal** sehen.
- Try it!

Slow down your pace – Walking in slow motion

- How do you experience your **inner** and outer **posture?**
- Feel your body **weight** through your feet on the ground
- **Accept** that you are not able to do everything.
- Try to re-discover things as if you saw them **for the first time.**

Scan the code on page 89 to bring the characters to life!

Kapitel 5

Wahrnehmen Awareness

Seit meiner frühen Kindheit liebe ich **schöne Farben**, **tolle Stoffe** und **Gerüche**. Wenn ich mich an mein Zuhause erinnere, sehe ich nicht nur die Donau, das Haus, unser Wohnzimmer, die Bäckerei, das Geschäft. Ich rieche den warmen Geruch von frischen Semmeln, Kuchen und Brot, sehe uns Kinder in der Weihnachtszeit um den Tisch sitzen und Lieder singen, ein ganz besonderes Tischtuch mit roten und grauen Tupfen darauf.

Ist es nicht großartig, dass wir das alles so intensiv **wahrnehmen** können: **riechen**, **sehen**, **spüren**, **schmecken** ... Es macht unser Leben so **bunt** und **reich**.

Mithilfe der Rosinen-Meditation kannst Du üben, **Deine Sinne** noch besser **wahrzunehmen**. Denk nach, welche positiven Erinnerungen Du hast. Welche Gerüche und Geschmäcker gehören zu Dir? Nicht alles, was wir hören, riechen, schmecken, ist uns angenehm. Wir können das auch verändern.

Vielleicht magst Du bei dieser Übung mit Deinen Freunden zusammen in die Küche gehen und ein **Experiment** starten – schauen, wie Gewürze riechen oder welche Früchte euch schmecken. Schau, was Du im Garten findest, Gewürze wie Rosmarin, Gänseblümchen oder Schnittlauch, Erdbeeren, Äpfel oder Kirschen. Was für einen Unterschied macht es, auf einem schön gedeckten Tisch zu essen, auch mit den Augen zu essen und die Farben, den Geruch der Speisen **zu erleben**?

My love for beautiful **colors**, **exquisite textiles** and **aromas** goes back to my earliest childhood.

When I look back and remember my home, I do not only see the Danube, the house itself, our living room, our shop – the Bakery, but I also inhale the wonderfully warm scent of fresh rolls, cakes, and breads. I see us children during Christmas time, sitting around the table singing songs, the gray and red polka dots of the special tablecloth seemingly joining us in our happiness.

Isn't it just wonderful that we are able to experience this intensive **awareness** of our senses – **smelling**, **seeing**, **sensing**, **tasting**? It makes our lives **colorful** and so very **rich**.

You can use the raisin meditation, for example, to exercise, **sharpen** and **increase your awareness**. Think of your positive memories. Which scents, smells and tastes can you call your own? We do not experience everything that we hear, smell, taste as pleasant, but we are capable of changing that.

Maybe you want to go to the kitchen with your friends to start an **experiment**. Try smelling spices or find out which fruits you really like. Go outside and **explore** what you can find in your garden, herbs like rosemary, daisies and chives, strawberries, apples or cherries. Does it make a difference, if you eat your meals at a table that is beautifully set, to practically eat with your eyes and experience the colors and aromas the various foods exude, give away, for you to **taste** and **enjoy**?

Have you tried doing the experiment? What did you do?

Wenn Du zu diesem Experiment etwas aufschreiben möchtest, hier ist Platz dafür!

Probier es aus!

Rosinen-Meditation über Nahrungsmittel

So komisch es Euch vorkommen mag, lasst uns anfangen, indem Ihr zum Beispiel eine Rosine vor Euch hinlegt.

•

Stellt Euch vor, sie ist gerade von einem anderen Planeten gefallen und Ihr habt so etwas noch nie gesehen. Ihr habt weder eine Ahnung was das ist, noch wie das kleine, schrumpelige, braune oder gelbe Ding heißt.

Beobachtet es nur, schaut es Euch lang und genau an. Was fällt Euch auf und was seht Ihr? Welche Farbe hat das Ding? Versucht, die Farbe so genau wie möglich zu benennen.

Ist die Färbung der Rosine gleichmäßig oder sind verschiedene Schattierungen einer Grundfarbe zu erkennen?

Jetzt nimm die Rosine und leg sie in Deine Hand. Wie schwer könnte sie sein? Wie fühlt sie sich an? Nimm sie vorsichtig zwischen zwei Finger und versuche ihre Beschaffenheit abzutasten und zu erfühlen. Rolle sie vorsichtig zwischen zwei Fingern und versuch es auch mit anderen Fingern.

Schau Dir genau die äußere Beschaffenheit an. Ist sie im Allgemeinen eben oder gibt es leichte Unterschiede? Nimmst Du diese Unterschiede wahr? Es gibt keinen Grund zur Eile, lass es langsam angehen und betrachte diese wunderbare, kulinarische Superfrucht mit Respekt, Interesse und Wohlwollen.

Gibt sie Töne von sich? Bring sie nahe an Dein Ohr und *lausche*, ob sie irgendeinen Ton von sich gibt. Roll sie noch einmal zwischen Deinen Fingern und *forsche* nach Unterschieden, vielleicht doch ein ganz leises Geräusch?

Und jetzt bring die Rosine *langsam* zu Deiner *Nase* und atme ein paar Mal tief durch die Nase ein. Such in Dir nach *Erinnerungen* und *Gedanken*, die dieser Vorgang wecken könnte. Wonach riecht sie? Wie würdest Du dieses Aroma beschreiben, mit welchen Adjektiven?

Und jetzt forsche tapfer weiter, indem Du diese Rosine mit Deinen *Lippen* berührst. Fühlt sich das komplett anders an als das Rollen der Frucht mit den Fingern? Was ist der *Unterschied*?

Leg die Rosine auf Deine *Zunge*, ohne sie zu zerkauen, und schließe den Mund. Welche Geschmacksrichtung empfindest Du zuerst? Wie *verändert* sie sich, wenn sich Speichel mit der Rosine mischt? Mach gedankliche Notizen über diese Veränderung.

Wie oft hast Du Dir in der letzten Woche Zeit genommen, obige Übungen langsam durchzuführen, hast nicht achtlos und hastig Deine Mahlzeiten eingenommen und nicht gleichzeitig Dein Interesse anderen Dingen gewidmet? *Genieß* den Augenblick, beiß dann langsam in die Rosine und kaue so *langsam* es Dir möglich ist, bis Du instinktiv merkst, es ist Zeit, sie hinunter zu schlucken.

●

ENDLICH ist der Moment gekommen, in dem Du mehr Rosinen **LANGSAM** essen kannst. *Nimm' Dir soviel Zeit, wie Du magst.*

Try this!

Raisin / Food meditation

Place one item in front of you.

Imagine it was just dropped off from another planet and **you have never seen it before**, you don't know what it is called.

Observe it with your eyes only, take a **long** look. What do you notice or see? What color is it? Try to be as **specific** as possible.

Are there different **colors** or different **shades** of the same color? Is it shiny or dull? **Just take it all in**.

Now pick up the item and put it in your **palm**. Be aware of how much it weighs. Notice how it **feels** in your hand.

Place it between two fingers **carefully** and feel its texture. Roll it **slowly** between your fingers. Try different fingers.

Investigate the outer surface. Is it uniform throughout or are there any differences? Can you be **aware** of the differences for a moment?

There is no need to rush, **slow down** and be mindful of this **wonderful** edible delight.

What does it **sound** like? Bring it to your **ear** and see if it has a certain sound. Roll it between your fingers and **listen** to any differences.

Slowly bring it around to your **nose** and take a few deep breaths through your nose. Explore any **thoughts** or **memories** it might bring up. What does it smell like? What adjectives would you use to describe its scent?

Now do something amazing! Bring it to your lips and feel it with them. Does it feel any different on your lips than it did between your fingers? How so?

Place it on your tongue and close your mouth **without chewing** it. Which tastes do you notice first? How does it change once your saliva mixes with it? Be **aware** of the **change**.

When in the past week did you take the time to do this **without rushing**, eating mindlessly or while doing other things? **Savor the moment** and then slowly bite into the item and chew it as slowly as you can, until you feel the instinct to swallow and let it happen.

Now eat more **AT A SLOW PACE**.
Take as long as you wish.

Es gibt noch etwas zu entdecken!

- Beobachte, welche Sinne Du bewusst wahrnimmst und welche nicht.
- Versuche, den Sinnen viel Platz zu geben.
- Wie oft sind Dinge für Dich selbstverständlich: zum Beispiel, dass Dein Körper funktioniert: schlucken, sehen, riechen, schmecken, hören, atmen ...
- Entdecke, was Du gerne magst, was Du nicht magst.

Now try this!

- Pay attention to which senses you are aware of and which not.
- Try to give the senses a lot of room.
- How often do you take things for granted: that your body functions, for example – swallowing, seeing, smelling, tasting, hearing, breathing, ...
- Discover what you like and don't like.

Was es ist

    Es ist *Unsinn*
        sagt die Vernunft

Es ist was es ist sagt die Liebe

    Es ist *Unglück*
        sagt die Berechnung

        Es ist *nichts als Schmerz*
            sagt die Angst

            Es ist *aussichtslos*
                sagt die Einsicht

Es ist was es ist sagt die Liebe

    Es ist *lächerlich*
        sagt der Stolz

        Es ist *leichtsinnig*
            sagt die Vorsicht

            Es ist *unmöglich*
                sagt die Erfahrung

Es ist was es ist sagt die Liebe

What It Is

    It is *nonsense*
        says common sense

It is what it is says love

    It is *bad luck*
        says calculation

        It is *nothing but pain*
            says fear

            It is *hopeless*
                says insight

It is what it is says love

    It is *ridiculous*
        says pride

        It is *reckless*
            says caution

            It is *impossible*
                says experience

It is what it is says love

Erich Fried

Was verbindest Du mit

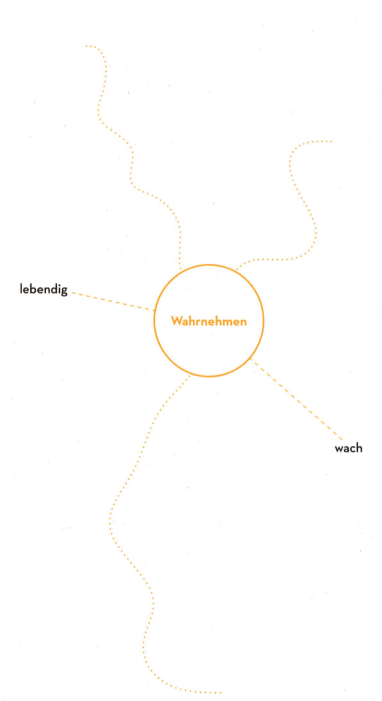

lebendig

Wahrnehmen

wach

Was fällt Dir noch ein?

What do you associate with

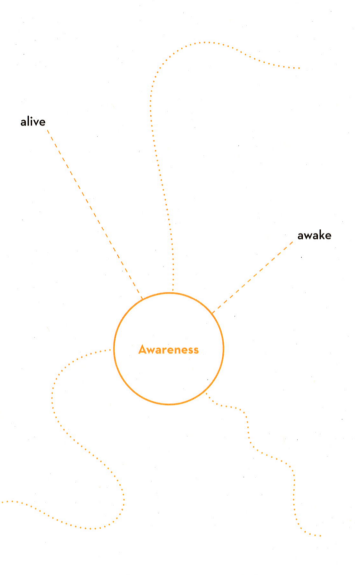

alive

awake

Awareness

Feel free to add your own words and thoughts!

Scan the code on page 89 to bring the characters to life!

Kapitel 6

Achtsame Sprache
Mindful Language

Ein Sprichwort sagt: «**Wie man in den Wald hineinruft, so schallt es heraus**». Obwohl uns das **bewusst** ist, sieht der Alltag oft anders aus. **Immer wieder** muss man sich an der Nase nehmen, wenn man aus Jähzorn in Rage kommt oder Eltern nerven. Dann passieren Dinge, die einem später leid tun und die man hätte vermeiden können. Das Sprichwort «Zuerst denken, dann reden», könnte man auch so übersetzen: Atme tief ein, **lass Dir Zeit** und überlege, wie Du reagierst. Denn alles, was Du sagst, hat Konsequenzen.

Das kann man lernen und üben. Mit regelmäßigem Achtsamkeitstraining wird es Dir in Zukunft besser gelingen, die richtigen Worte zu finden. Worte, die nicht kränken, nicht ärgern oder mutlos machen, sondern Worte, die aufbauen, aufklären und ermutigen.

Versuche folgende Begriffe bei Deiner Übung mitzudenken:

Welche Qualitäten braucht eine «achtsame» Kommunikation?
- in Kontakt mir mir sein
- Kontakt herstellen, sich auf eine andere Person einstimmen
- zuhören und gehört werden
- Neugier, Interesse
- Offenheit, Präsenz
- Bedürfnisse äußern und verstehen

A proverb says: **«What goes around, comes around.»** One is treated the same way as one treats other people. Although we are **well aware** of that, it often seems to slip our minds in everyday life. **Frequently**, we have to reprimand ourselves when we are quick-tempered, become enraged, or are annoyed by our parents. As a result, there are situations which we later on regret and which we could have avoided in the first place. The recommendation «put mind in gear before opening mouth» offers a good and healthy alternative: Breathe in deeply, **take your time** and reflect on how you want to react. **Everything** you say will have consequences.

You can **learn** taking your time in exercises. With a **regular** mindfulness training, you will succeed in finding the right words in the future. You will discover new words in your vocabulary; words that do not harm, do not anger people or make them feel discouraged and dejected. You will use words which are constructive, encouraging, and enlightening.

Try to consider the following concepts during your next exercise:

Which qualities should a «mindful» communication have?
- to be in contact with myself
- to make contact – to attune yourself to another person
- to listen and be listened to
- curiosity and interest
- openness, sincerity, presence
- to verbalize your needs and understand those of others

Try this!

Wirf eine Frage in den Raum,
    überlege Dir die Konsequenzen

Hinterfrage auf Augenhöhe
    nimm Dir die Zeit
        und atme tief durch
    Sei **aufmerksam** – wie Dein Atem geht
und nimm wahr, wie Du stehst

Spüre Dein Gewicht in den Füßen
    auf dem Boden

    Schau Dich um,
        beobachte die anderen
    ohne Wertung

Höre aufmerksam zu,
    nimm Dir Zeit, hinterfrage,
ob es die beste Lösung ist

Atme ein,
    bemerke die Pause,
    die Stille,
achte auf diese Pausen

Pose a question,
    consider the consequences

Pose a question,
    reflect, inquire

Breathe –
    start with a nice, deep breath

Notice –
    be mindful of that breath,
        and if you are standing,
    feel the weight of your feet
on the ground

    Scan –
look around,
    noticing without judging

Listen mindfully
    and take a bit of time
    to consider it

Breathe in,
    notice the pause,
    the stillness,
pay attention to the pauses

Try this!

Raus aus dem Autopilot-Modus

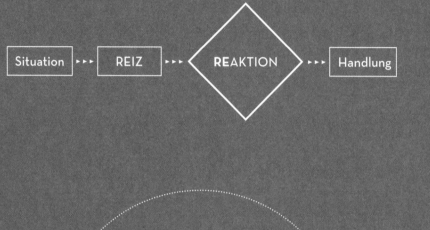

Das Üben lohnt sich!

Switching off the autopilot

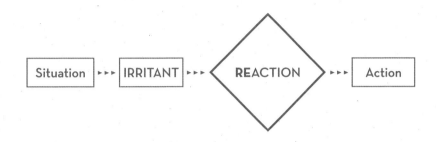

Try this!

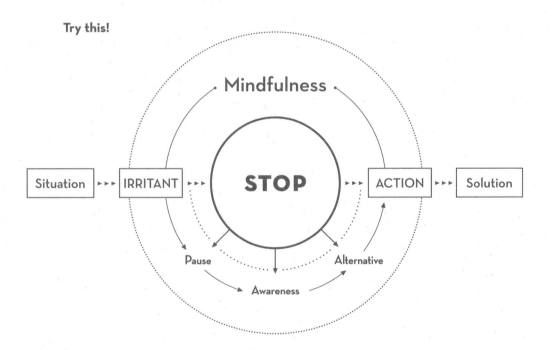

Die Schwierigkeit, es allen recht zu machen Der Vater zog mit seinem Sohn und einem Esel in der Mittagsglut durch die staubigen Gassen von Keshan. Der Vater saß auf dem Esel, den der Junge führte. «Der arme Junge», sagte da ein Vorübergehender. «Seine kurzen Beinchen versuchen mit dem Tempo des Esels Schritt zu halten. Wie kann man nur so faul auf dem Esel herumsitzen, wenn man sieht, wie sich das kleine Kind müde läuft?» Der Vater nahm sich dies zu Herzen, stieg hinter der nächsten Ecke ab und ließ den Jungen aufsitzen. Gar nicht lange dauerte es, da erhob schon wieder ein Vorübergehender seine Stimme. «So eine Unverschämtheit. Sitzt doch der kleine Bengel wie ein Sultan auf dem Esel, während sein armer, alter Vater nebenherläuft.» Das schmerzte den Jungen und er bat den Vater, sich hinter ihn auf den Esel zu setzen. «Hat man so etwas schon gesehen?» keifte eine schleierverhangene Frau, «solche Tierquälerei! Dem armen Esel hängt der Rücken durch, und der alte und der junge Nichtsnutz ruhen sich auf ihm aus, als wäre er ein Diwan, die arme Kreatur!» Die Gescholtenen schauten sich an und stiegen beide, ohne ein Wort zu sagen, vom Esel herunter. Kaum waren sie wenige Schritte neben dem Tier hergegangen, machte sich ein Fremder über sie lustig: «So dumm möchte ich nicht sein. Wozu führt ihr denn den Esel spazieren, wenn er nichts leistet, euch keinen Nutzen bringt und noch nicht einmal einen von euch trägt?» Der Vater schob dem Esel eine Hand voll Stroh ins Maul und legte seine Hand auf die Schulter seines Sohnes. «Gleichgültig, was wir machen», sagt er, «es findet sich doch jemand, der damit nicht einverstanden ist. Ich glaube, wir müssen selbst wissen, was wir für richtig halten.»

Der Kaufmann und der Papagei von Nossrat Peseschkian

The Father, the Son and the Donkey – or how you cannot please everyone

In the heat of the day, a father went through the dusty streets of Keshan with his son and a donkey. The father sat on the donkey, and the boy led it. "The poor kid", said a passerby. "His short little legs try to keep up with the donkey. How can that man sit there so lazily on the donkey, when he sees that the boy is running himself ragged?" The father took the comment to heart, climbed down from the donkey at the next corner, and let the boy climb up. But it wasn't long before a passerby again raised his voice and said, "What a disgrace! The little brat sits up there like a sultan while his poor old father runs alongside." This remark hurt the boy very much, and he asked his father to sit behind him on the donkey. "Have you ever seen anything like that?" griped a veiled woman. "Such cruelty to animals. The poor donkey's back is sagging, and that old good-for-nothing and his son lounge around as if it were a divan – the poor creature!" The targets of this criticism looked at each other and, without saying a word, climbed down from the donkey. But they had barely gone a few steps, when a stranger poked fun at them by saying, "Thank heavens I'm not that stupid. Why do you two walk your donkey when it doesn't do you any good, when it doesn't even carry one of you?" The father shoved a handful of straw into the donkey's mouth and laid his hand on his son's shoulder. "Regardless what we do", he said, "there's someone who disagrees with it. I think we have to know for ourselves what we think is right."

The German-Iranian psychotherapist Nossrat Peseschkian published this story in his book "Oriental Stories as Tools in Psychotherapy". This anecdote reminds us that there will always be people around us who think they know better. If we try to please someone, we might disappoint someone else. There will always be people with different opinions around us. Therefore it is essential that we find out what we want ourselves and try to be as true to ourselves as possible.

Was sind für Dich ...

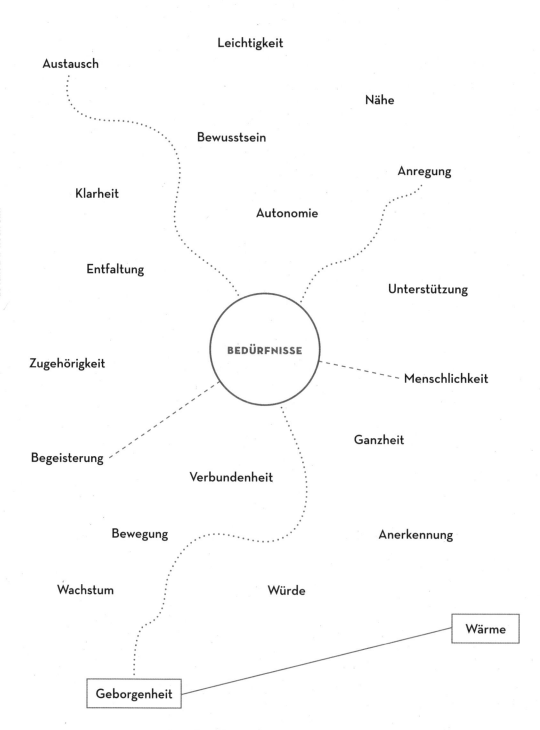

Verbinde, was für Dich zusammengehört!

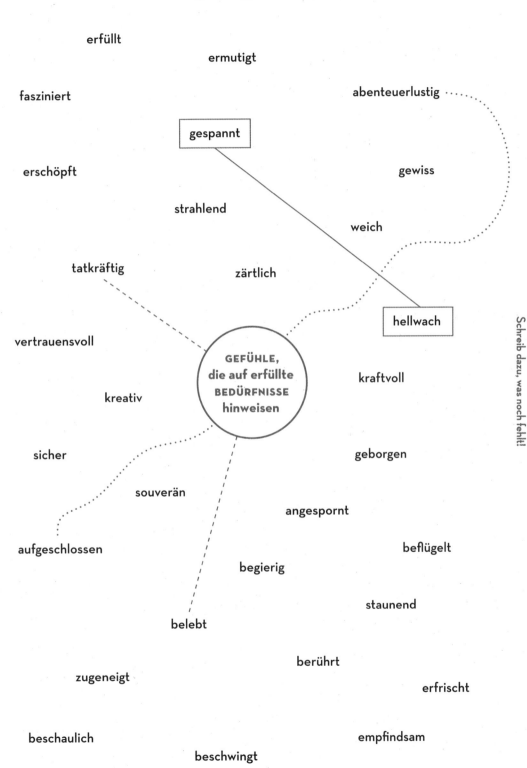

What do you associate with …

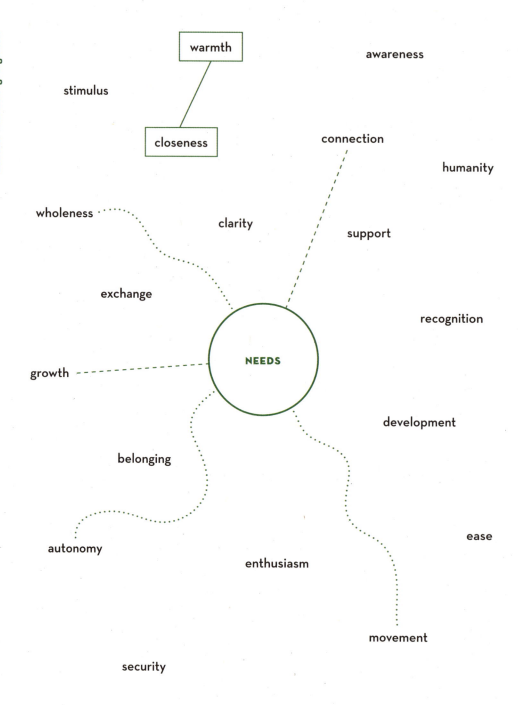

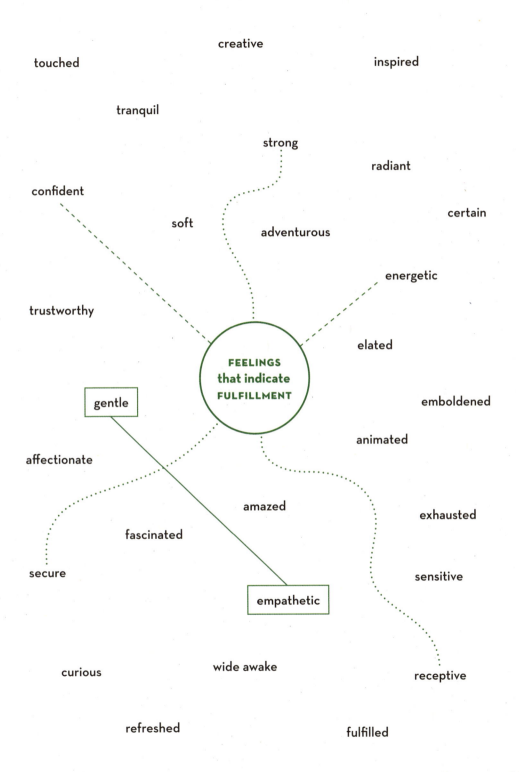

Scan the code on page 89 to bring the characters to life!

Kapitel 7

Ruhe und Gelassenheit
Calm And Cool-Headedness

The master in the art of living
makes little distinction
between his **work** and his **play**
his **labor** and his **leisure**
his **mind** and his **body**
his **education** and his **recreation**
his **love** and his **religion**.
He hardly knows which is which
he simply pursues his **vision**
of **excellence** in whatever he does
leaving others to decide
whether he is working or playing
to him he is always doing both

James A. Michener

Es gibt Worte, mit denen kann ich mich schwer anfreunden. **Ruhe** und **Gelassenheit** gehören gar nicht zu jenen Eigenschaften, die mich auszeichnen. Wenn ich eine Idee habe, soll sie auch schon umgesetzt sein.

Vor Prüfungen war ich immer gestresst. Da hat es auch wenig genützt, wenn meine Mutter versuchte, mich zu beruhigen. Wie kann ich gelassen sein, wenn die Prüfung gelingen muss? Zu oft habe ich erlebt, dass ich genau jene Frage bekommen habe, die ich nicht gelernt habe. Alle Fragen, die meinen Mitschülern gestellt wurden, hätte ich locker beantworten können.

Hat dieser Stress vielleicht etwas damit zu tun, dass wir anderen gefallen wollen? Dass wir den Erwartungen der Eltern entsprechen wollen?

Vor kurzem war ich bei einem Künstlergespräch und habe mit großem Staunen erlebt, wie die Schwester von Martin Kippenberger, einem wirklich großen und erfolgreichen Künstler, erzählte, «Martin war immer schon so ein außergewöhnliches Kind. Wir haben ihn in der Familie bewundert, auch wenn er kein guter Schüler war, lange nicht wusste, wie er mit seinen Talenten umgeht und schwierig im Umgang war. Für uns war er seit seinem sechsten Lebensjahr ein Künstler. Als er dann später auch Erfolg hatte, haben wir uns mit ihm gefreut.»

Was wir aus dieser Geschichte lernen können, ist ganz wichtig: sich selber **kennenlernen**; Mut zu haben, Neigungen zu **leben** und sich zu **akzeptieren**. Hier erleben wir aber auch Eltern und Geschwister, die Martin so annehmen, wie er ist. Martin soll kein Professor an der Universität oder Bankdirektor werden, **er darf so bleiben, wie er ist.**

Die folgende Übung hilft Dir dabei, herauszufinden, welche Eigenschaften Dich auszeichnen, was Du besonders gut kannst, was Dich ausmacht und was Dich glücklich macht. Du sollst aber auch erkennen, was nicht zu Dir passt. **Die Übung soll Dich dazu ermutigen, Deinen eigenen Weg zu gehen.**

It's impossible to remain calm all the time. But once you have learned to **observe** yourself, you can **choose to be calm** at any moment. **Breathing** is an important tool. Say you're somebody who gets angry easily. It may feel as if you can't control your **reaction**, but you can – you can **learn to observe** what happens in your body when you get angry. Does your face feel hot? Are you holding your breath? When you notice physical signs of getting angry, take a **breath** and **pause**.

Then you have the space to choose your **actions a little more wisely**.

Probier es aus!

Spüre Deinen Körper

    Gib Dich, gib nach

Wie geht es Deinem Körper?
    Was braucht er im Moment?
    Was tut ihm gut?
Was sagt er Dir?

    Sei mutig und
gleichzeitig behutsam
und freundlich mit ihm

Wie schmeckt Dir
    Dein Pausenbrot heute?

Beobachte,
    sei überrascht!

Erinnere Dich an das letzte Mal,
als Du Dich geärgert hast.
    Bemerkst Du Veränderungen
in Deinem Atem?
    Ist Dein Herzschlag schneller?
    Schwitzen Deine Hände?
Beobachte einfach!

Try it!

Feel your body

    Let your breath take over,
    give in to it

How does your body feel?
    What does it need
        in this very moment?
    What would be good for it?
What does it tell you?

    Be courageous and,
at the same time, tender
    and kind to your body

    What does your snack
    taste like today?

Observe
    and be surprised!

Remember the last time you were
upset. What happened to you?
    Do you notice any changes
in your breathing?
    Does your heart beat faster?
    Do your hands get sweaty?
Just observe!

Vor lauter Lauschen und Staunen sei still,
du mein tieftiefes Leben;
dass du weißt, was der Wind dir will
eh noch die Birken beben.

Und wenn dir einmal das Schweigen sprach,
lass deine Sinne besiegen.
Jedem Hauche gib dich, gib nach,
er wird dich lieben und wiegen.

Und dann meine Seele sei weit,
sei weit, dass dir das Leben gelinge,
breite dich wie ein Federkleid,
über die sinnenden Dinge.

Rainer Maria Rilke

Finde so viele Vorsilben wie möglich!

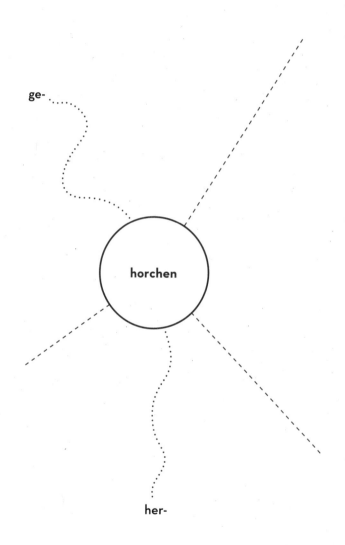

ge-

her-

Was fällt Dir noch ein?

Find similar words or words that you associate with «listen»!

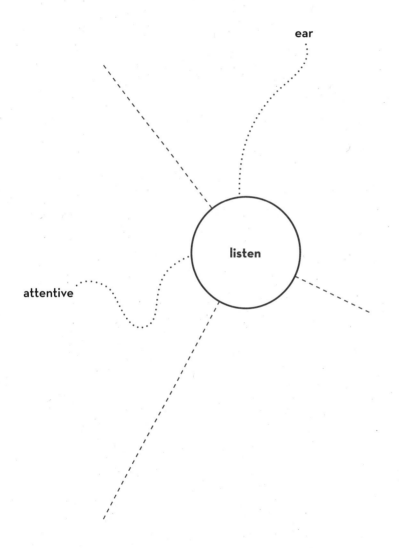

ear

listen

attentive

Add what you think is missing!

Habe Geduld
gegen alles Ungelöste in deinem Herzen
und versuche,
die Fragen selbst lieb zu haben,
wie verschlossene Stuben oder ein neues Buch,
das in fremder Sprache geschrieben ist.

Forsche nicht nach Antworten,
die dir nicht gegeben sind,
weil du sie nicht leben kannst.
Und darum handelt es sich doch:
alles zu leben.

Lebe jetzt die Fragen!

Vielleicht lebst du dann eines neuen Tages,
ohne es zu merken,
in die Antwort hinein.

Rainer Maria Rilke

If I Had My Life To Live Over

I'd like to make *more mistakes* next time.

I'd **relax**, I would limber up.
I would be **sillier** than I had been this trip.
I would take fewer things seriously.
I would take more chances.
I would climb more mountains and
swim more rivers.
I would **eat more ice cream** and less beans.
I would perhaps have more actual troubles,
but I'd have *fewer imaginary ones.*

You see, I'm one of those people who live sensibly
and sanely hour after hour, day after day.
Oh, I'd try to have nothing else.
Just moments, one after another,
instead of living so many years ahead of each day.
I've been one of those persons
who never go anywhere
without a thermometer, a hot water bottle,
a raincoat, and a parachute.
If I had to do it again,
I would travel lighter than I have.

If I had my life to live over,
I would start **barefoot** earlier in the spring
and stay that way later in the fall.
I would go to more dances.
I would ride more merry-go-rounds.
I would pick more daisies.

Nadine Stair
85 years old, Louisville, Kentucky

Relax

Besuch uns auf · Visit us at

www.thetoolboxisyou.com

**Oder Scan die Codes
um die Animationen
zu den Kapiteln zu sehen!**

**Or scan the Codes
to see the animations
for each chapter!**

 **Der Atem
Breath and Breathing**

 **Mein Körper, mein Freund
My Body, My Friend**

Offenes Denken / Open Thinking

 Bewegte Achtsamkeit / Mindfulness In Motion

 Wahrnehmen / Awareness

 Achtsame Sprache / Mindful Language

 Ruhe und Gelassenheit / Calm And Cool-Headedness

Danksagung & Acknowledgments

We would like to thank everyone who enjoyed **«The Toolbox Is You»** and implemented it in their professional lives and using their skills. **Special thanks to** Heidemarie Dobner, Maria Kluge and Veronika Leutzendorff, as well as Katrina Wiedner for her enthusiasm throughout the whole publication process. It has been a pleasure working together.

We hope this book will offer students and teachers (as well as parents and other caretakers) even more opportunities to interact with children in ways that will help them to grow happier, healthier and more self-confident.

Gemeinsam Zukunft gestalten!
Shaping the future together!

GLOBART hat es sich als Denkwerkstatt zum Ziel gesetzt, gemeinsam Zukunft zu gestalten, Bewusstsein für einen kulturellen Wandel zu schaffen, den interdisziplinären Dialog zu fördern, alternative Lebensmodelle aufzuzeigen und aus Tradition Zukunft zu entwickeln. Wir bringen Impulsgeber und Umsetzer an einen Tisch, erzählen Geschichten des Gelingens und sind eine lebendige Allianz von Wissenschaft, Bildung, Wirtschaft und Kunst.

GLOBART deals with future-related topics and inspires a range of opinions in a changing society. We address global issues concerning European values and consider human beings as our center of interest. Our goal is to raise the awareness of a cultural change, foster a multidisciplinary dialog, present alternatives, and make traditions fit for the future.

www.globart.at

OSTERLOH, der Verein für Achtsamkeit, steht für eine Lebenseinstellung, die geprägt ist von gegenseitiger Wertschätzung, Fürsorge und Achtsamkeit sich selbst und der Mitwelt gegenüber. Ein Ort, wo Achtsamkeit spürbar und erfahrbar ist. Unsere Intention ist es, mehr Achtsamkeit in die Gesellschaft zu tragen, für ein zufriedeneres, glücklicheres und gerechteres Miteinander. Wir möchten gemeinsam Wege finden, Achtsamkeit stärker in den Alltag zu integrieren.

OSTERLOH is a non-profit organisation dedicated to mindfulness. It stands for a way of life which is determined by mutual appreciation, benevolence and mindfulness for yourself and the world surrounding you. Our intention is to bring more mindfulness into our society to make it happier and fairer. We want to find common ways to integrate mindfulness into our daily lives.

www.achtsamkeit-osterloh.org

Seit 2014 kooperiert GLOBART mit dem Verein für Achtsamkeit – OSTERLOH und bietet Achtsamkeitstrainings mit Maria Kluge im Rahmen des «WORLD PEACE GAME» für SchülerInnen, LehrerInnen und Eltern an.

Achtsamkeit als Schlüssel für eine bessere Welt.

GLOBART has been cooperating with OSTERLOH since 2014. Within the context of the WORLD PEACE GAME, we offer mindfulness training sessions with Maria Kluge to students, teachers and parents.

Mindfulness is the key to a better world.

Impressum

Herausgegeben von · Edited by
OSTERLOH – Verein für Achtsamkeit,
GLOBART – Denkwerkstatt für Zukunftsthemen
Text · Copy Maria Kluge, Heidemarie Dobner, Veronika Leutzendorff
Artdirektion & Grafikdesign · Art Direction & Graphic Design Katrina Wiedner
Illustration & Animation · Illustration & Animation Chris Phillips
Lektorat · Copy Editor Verena Brinda
Druck · Printed by Gugler GmbH
Gedruckt auf · Printed on 100 % Recyclingpapier · 100 % Recycled Paper

© April 2016 Alle Rechte vorbehalten. Veröffentlichungen, auch auszugsweise, nur mit schriftlicher Genehmigung des Herausgebers. · All rigths reserved under Universal Copyright Convention and the Berne Convention. No part of this book may be reproduced or utilized in any form or by any means, electronic or mechanical, including photocopying, recording, or by any information storage or retrieval system, without permission in writing from the editor.

überarbeitete 2. Auflage Februar 2017 · **revised 2nd Edition** February 2017

ISBN 978-3-9502173-7-7

www.thetoolboxisyou.com